Conception graphique : Didier Gonord

NI DIEU NI BÊTE TOME 3
LE SEXE DES ANGES ET L'ÂME DE LA GUENON

Première édition : mars 1995 - LES HUMANOÏDES ASSOCIÉS

Dépôt légal : avril 1995

Achevé d'imprimer en mars 1995
sur les presses de l'imprimerie Proost, à Turnhout, Belgique

ISBN 2 73161 196 0
81095

ni Dieu ni Bête
Ptiluc
LES HUMANOÏDES ASSOCIÉS
tome 3
LE SEXE DES ANGES ET L'ÂME DE LA GUENON

Regarde... C'est la ville...
À portée de la main... là, juste devant... Putaiiin... quelle émotion...
j...je
?!
C'est la parfaite concrétisation de l'humanité dans sa globalité absolue...
Tout y est résumé... tout y est quintessence.
Si t'es confus dès la troisième case, on court au désastre !
Petit, je ne vais pas te rap-peler une fois de plus ce qui nous fait courir.
Disons plutôt ce qui TE fait courir et vers quoi tu t'obstines à m'entraîner !
Parce que moi, hein, je ne t'ai rien demandé... moi je m'en tape, de ton obstination à courir derrière le rêve humain !
Mais à force de courir on va le rattraper... et après ; t'imagines un peu...
euh... non...
Aaah, que tu me fatigues, obtus esprit ! Après, qu'est-ce qui pourra nous empêcher de progresser d'un bond... de devenir nous aussi des primates de première classe ?
Qu'est-ce que ch'ais, moi !
Allez ; assez causé... aide-moi plutôt à ouvrir ça !

Y'a quoi là-d'dans ?
La garantie d'une prospection sereine.
Un premier pas vers l'humanité, je suppose... ça grince, ça gratte ; génial, de faire l'humain !!
Juste un petit déguisement voyons !
CRCH CRCH CRCH CRCH
Faut bien qu'on essaye de s'intégrer le mieux possible... C'est que là, tu vois, on va s'le faire au forcing !
GLG... C'est quoi ça ?
MEGABIZNESS
SUPER DISCOU
Un temple de la consommation ! Dès qu'un coin accède à la civilisation, ils en bâtissent tout autour !
PFouiii
C'est ici que nous découvrirons les clés de l'humanité moderne... une fois tout assimilé, nous n'aurons plus qu'à reproduire tout ça chez nous... j'en jubile d'avance !
Maîtrise-toi, on arrive.
Ouaiis... impec ; personne ne nous a remarqués.. Phase d'intégration parfaitement réussie...
AH OUAiiiS !

CHEEEF
Calme-toi, voyons, on va se faire repérer !!
CHEEEF, On a voulu m'écrabouiller !
Qu'est-ce qu'il a, ce petit ?
Je ne comprends pas... je l'ai à peine touché !
Calmez-vous, les enfants, y'a pas de mal !
Où sont vos parents ? Faut passer une annonce au micro.
Où sont leurs parents ?
Qu'est-ce qu'y s'passe ici ?
Mais rien ; y'a pas de mal... le petit a eu peur...
Pssst... faut qu'on s'tire...
Mais toi qui as l'air d'être le grand frère, dis-nous où sont tes...
Viiiite... AMÈNE-Toiii !!!
GLG
Mais qu'est-ce qui t'a pris, toi ??
On dirait qu'on nous a oubliés... on va pouvoir sortir...
Tu vois bien que ces chariots n'ont rien de terrifiant ; tout le monde en a, ici...
Observe-les donc ; ils les remplissent de choses soigneusement choisies dans les structures environnantes... avant de comprendre le sens de ce rituel, on a qu'à faire comme eux...

Tiens... en v'là un de libre...
M...
MAIS !
MERDE ! UN ATTENTAT !
CRASH
DU JARRET ! ON EST REPÉRÉS !
CRASH
PFOUIII... SAUVÉS !
Bon, allez... on fait comme eux, maintenant.
Qu'est-ce qu'il y a là-dedans, chef ?
CRTCH CRZK
Aucune importance... on verra plus tard !
Eux, ils ne désossent pas ce qu'ils prennent !
mmh?! ouaiis; ça s'bouffe !
CRONCH CRONCH
Alors imitons-les !
et ça...
PLOP

OUAAAH
MERDE ! DÉSINTÉGRÉ !!
Petit, arrête... dis-moi où t'es !
Déconne pas... il nous reste tant de choses à comprendre !
Tu peux pas avoir disparu comme ça !...
Pssst... Chef...
Ah ! t'es là ! Houfff... tu m'as foutu une de ces trouilles !
Ça y'est, chef, j'ai enfin trouvé un endroit correct dans cet enfer glacial !
WOUAH ! La nourriture, ça fait aussi partie du culte de la consommation... il faut donc promener AUSSI de la bouffe dans le chariot ! Mais dans quel but ?
Tu sais, chef, même dans certains récipients hermétiques, j'en ai trouvé... mais faut faire gaffe !
DITES VOIR, LES MÔMES !
Ça fait un bout de temps que j'observe votre manège... j'aurais quelques mots à vous dire, moi...
BOM BOM

ATTRAPEZ-LES !
VITE ! PAR ICI !
AUX ABRIS !
ZOOF
Bonne opération... nous v'là de nouveau inrepérables... allez... faut retrouver le chariot !
Ah non ! Moi je veux me tirer, maintenant !
Mais regaaarde : il est juste là !
De toute manière y'a qu'une sortie, et la manière la plus sûre de la franchir, c'est encore avec un chariot...
EH ! REGARDE ! il s'y passe des choses bizarres, là-bas...
Incroyable, je n'y comprends plus rien ; que peut donc signifier ce cérémonial obscur ?
Tapez votre code...
j'ai la trouille, chef...
faisons comme les autres...
TCHIK TCHIK TCHIK
T'as vu c'qu'elle fait ... C'est bizarre, non ? Dans quelle secte tu nous as amenés, toi ??

Ça fait trois cent dix-huit francs cinquante !
Qu'est-c'qu'elle a dit, là ?
Ben ch'ais pas moi...
Alors vous avancez ?
OH ; mais c'est encore ces deux enfants bizarres !
Quoi !? ils sont là !! M... MAIS... ??
Prépare-toi à courir !
IIH
OUAÏÏS !
RAAOO
GROOAAH
IIIIH
AUX SECOURS
Diversion réussie... Dans trois secondes ON FONCE !
DES MUTANTS !
OUINOUINOUIN
TATATA
CHEEEF... J'VEUX RESTEEER !...
TA GUEULE !
POW
On l'a échappé belle Petit...
On y retourne quand, chef ?
Tant que subsistera un doute quant à tes réelles motivations scientifiques, on ne décollera pas d'ici !
RAAAH... Y'VEUT MA MOOORT...

Je suis

AAAH...
Petit... petit, petiiit... ressaisis-toi !
je sais pas c'qu'y m'arrive... C'est depuis notre dernière expédition. Jee...
Ah, ça va !! Me bobarde pas, maint'nant ! Tu le sais très bien, c'qu'y t'arrive !!
Mais tu es victime d'une vision fugace à la signification prodigieuse...
Arrêêête... je le sais, moi ; je ne pourrai plus jamais vivre sans elle !
tssss... foutaises futiles !
mais NOOON...
Tiens ! Tu veux que je te le prouve !?
REGARDE !
ELLE !!
NOOON !
Éh, si !
Mais d'où viennent ces documents étonnants ? Je les veux !! Il me les faut ; c'est une question de vie ou de mort !
DU CALME !

Je viens de te prouver de manière incontournable de quoi tu étais la victime !
DE quoi ?
Parce que, là, tu vois, ce n'est PAS elle !
HOHOHO ! Lui, alors ! Ça va, hein ! faut pas me prendre pour plus niais que j'suis !
Viens donc avec moi... j'ai plein de choses à t'expliquer.
Que tes sens s'éveillent, je n'ai rien contre, c'est normal, c'est de ton âge ; mais faut pas tout mélanger !
Là, tu viens de t'enticher d'une image... d'un concept ; t'es à des années-lumière de la réalité !
Quoi ? Quoi ?! T'es jaloux, c'est tout !
Tu croyais peut-être que j'allais rester niaisement le jeune disciple béat devant le maître !
PFFF ! Ridicule !
EXACTEMENT ! Si tu veux que je finisse pédé, dis-le tout d'suite !
Rooh Luiiii !
Seulement voilà : depuis le temps que tu cours derrière l'espèce humaine, que ça soit moi qu'une des leurs ait choisi, ça, tu peux PAS L'PIFFRER !
HEIN !? Tu peux répéter, là ? Qui a choisi qui ??
Parfaitement ! Ça sert à rien de jouer les surpris ; je l'ai repéré, ton jeu !
Mais je rêve !
Bon, alors maintenant tu te calmes et tu me suis ; compris ?
Mais lâche-moi ! Profite pas que j'suis tout p'tit, sale brute !

Je commence à me dire que je suis allé trop loin avec toi... ou trop vite... en sautant des étapes...
Ah bon?!
En te montrant depuis si longtemps l'exemple humain, j'aurais dû être plus explicite...
...Te faire comprendre que le but de mon enseignement était de permettre au singe de rattraper l'homme, mais pas pour se fondre en lui... sinon c'en core pour lui, la victoire !
Et maintenant, ça suffit, j'en ai marre de cet encombrant cousin soi-disant si surdoué ! Nous aussi on doit pouvoir évoluer ; y'a pas d'raison ; mais pas en devenant des hommes, petit, surtout pas !!
Mais je vais rattraper ça ; je te le promets... je vais te réapprendre à être singe...
V'là aut'chose
C'est seulement après, quand tu auras assimilé ton essence profonde, que tu seras prêt pour la suite...
Tu veux dire que je vais redevenir UNE BÊTE !?!
Ça y est, les grands mots !! Ne panique pas, voyons : Tout d'suite, faut que t'exagères tout...
Il faut juste que tu prennes conscience de ta véritable place dans l'échelle de l'évolution avant de pouvoir grimper plus haut...
C'est ça, on laisse les p'tits tout en bas... Loin du gâteau !
Tssss...
Tiens, regarde !
C'est quoi ?

Tu vois que tu sais rien, ignare ! ÇA, c'est une femelle !
Hein !? ça !
CRONCH CRONCH
GRAT GRAT
Tu veux rire ! Passe-moi ton bouquin que je te montre, moi, comment c'est !
ARRÊTE ! Ne touche plus à ça !
Allez ; viens que je te présente !
NOOON ! J'VEUX PAS Y'ALLER ; JE RESTE ICI ... TU M'AURAS PAS !
Bon, bon ; je n'insiste pas... tiens, je te laisse un peu de lecture.
OUAIIIS !
Psst... Petit...
!?!
T...TU M'AS TRAHI ; TU...TU...
SNIF SNIF.. Mais qu'est-ce qu'y m'arrive ?
SNIF
SNIF
Rien de spécial... T'affole pas... Laisse-toi aller !
J...JE... SPRSK...
Chef ??
SNF
SNF
Mais non ; t'occupe pas de moi... Laisse faire tes pulsions instinctives...

Bon...
Voyooons...
TOUCH
PLOT
PLOT
Éh, dis donc... tu peux m'expliquer à quoi tu joues?
Ben, euh... 'xcuse-moi... mais il faut que je redécouvre l'animalité qui est en moi!
SNIF
SNIF
POUT
POUT
NON MAIS TU VAS TE CALMER, TOI!!?
AÏE! NON!
BONG
BONG
Parce que moi aussi je peux retrouver l'animalité qui est en moi, si tu veux!
Mais c'est passque t'as pas bien compris mon truc, là... c'est pour mieux s'élever après, t'vois...
Après, quand on aura assumé et assimilé notre bestialité, on pourra foncer vers l'humanité!
Et c'est mieux?
Mais c'est le must bordel!
Allez! y'a pas de temps à perdre; t'as qu'à penser à aut' chose... mais rassure-toi; c'est pour la bonne cause!
Dis donc, blanc bec, c'est fini le p'tit jeu? Tu me prends pour quelle sorte de babiole, au juste?
Rhoo; c'est pas vrai!! Quel manque de professionalisme!
Mais j'vais t'en foutre, moi, du professionalisme!
CHEEF!

CHEEEF!
?
CHEEF, vieux salaud, tu t'es moqué de moi!
Hein! Quoi?
Ouais, parfaitement, tu ne m'as pas tout dit; les femelles, eh bien ELLES PENSENT!
Et ça, c'était pas prévu du tout; c'est même pas écrit dans le bouquin!
AÏE... LA R'VOILÀ!
AH! t'es là!
Alors? C'est celui-là qui te conseille si bien?
Quoi? Tu m'cherches ou quoi?
Du calme, chef; elle cogne dur... tirons-nous vite!
!?!?
Dis donc, petit, t'en f'rais pas un peu trop?
Ah, non non! On voit bien qu'tu la connais pas, toi!
C'est terrible, chef, pire que les prédateurs... S'il faut devenir dompteur pour assimiler son essence profonde, je ne bouge plus d'ici... Passe-moi le bouquin que j'étudie un peu...
Désolé, p'tit, je l'ai oublié en bas...
...Si tu veux, on peut jouer aux charades...
... ou à "ni oui ni non"...
Philuc III 94

Mon premier se penche sur le berceau de la jeune princesse pour lui jeter un mauvais sort...
mon second se note en troisième...
mes troisièmes se mettent à sept pour aider la princesse de mon premier !
PFF... fastoche ; fée... mi... nains ! Mais bon, mon premier s'rait plutôt sorcière tu ne crois pas ?
oooh, y'a des mauvaises fées, non ?
Bouf ; j'en ai marre de ce jeu... depuis qu'on est perchés là, de toute façon, je sens bien ce qui t'échauffe la tronche...
Quoi !? Tout d'suite, lui !!
Ouais, oh, tu te calmes... il va falloir qu'on bouge d'ici !
PFour ; Mais on est bien, ici !
Merde, la mousson !
Tu veux toujours bouger ?
C'est long la mousson, tu sais !
Et alors ; y'a de quoi becqueter, ici ; puis on est à l'abri !
Ne sois pas si étriqué, je te prie !
Tiens, il paraît même qu'il y a des continents où certaines espèces passent des mois de somnolence à attendre un changement climatique...
Ah ; encore des évolutionistes progressistes acharnés, à n'en pas douter !

Oh, ça va, hein, même tes chers humains, deux mois par an, il paraît qu'ils arrêtent toute activité!
Evidemment, énoncé comme ça!
HEY! C'est chez vous, ici!? Vous permettez que je m'y abrite un peu?
Allez, quoi, c'est pas parce qu'on s'est un peu frités qu'on va s'faire la gueule, non?
non non...
On a jamais dit ça!
D'ailleurs, pour me faire bien voir, je vous ai ramené votre bouquin!
Tu m'expliqueras ce qu'on y trouve de si fascinant...
SPRSTK...
Oh, ne t'affole pas; on a tout le temps, tu sais!
Remarque que c'est peut-être pas plus mal qu'on t'explique!
Mon jeune élève, ici présent, suit un stage de formation évolutionnaire pour primate du second cycle... Mais cet apprentissage a des effets pervers!
Vraiment?
Toûtâfaît... A force de suivre avec application les progrès de ceux du premier cycle, il finit par s'identifier à eux, et c'est très grave!
Pourquoi?
Parce qu'il y a des domaines où l'interpénétration des strates d'évolution est totalement impossible, même avec la meilleure volonté!
En es-tu vraiment certain, vieux réac'?

Non mais je t'en prie, petite effrontée, tu me cherches déjà ?
Maiis non ! c'était pour rigoler !
Tu penses bien que si on doit attendre la fin de la mousson, on ne va pas se bastonner dès le début...
Ah ; je te préfère comme ça !
Je crois même que je vais te demander un petit service...
Houlaa... je crains le pire !
C'est très important ; c'est pour la bonne cause ; Regarde-le ; il ne va plus savoir de quelle espèce il est !
Mais c'est impossible ! Même avec la meilleure volonté !
C'est bien vous, ça, les mâles ! Ça nous veut disponible à la seconde, selon votre bon plaisir ! Tous, les mêmes !
Oh, arrête !
Mais c'est vrai ; ça se commande pas, ces choses-là ; il faut qu'il se passe quelque chose !
Ah ouais ? quoi ?
Ben... la saison des chaleurs, tout simplement !
??
Ben ouais, nous on est pas comme ces salopes de femelles d'humains en chaleur toute l'année... nous, c'est par périodes...
Et là ? c'est passé ?
Eh oui... tout juste ! Et maintenant, avec la mousson, pfouuh !
Et après ? On pourra, après ?
AAAH, faudra voir...
PFFF... Quelle galère... Y faut quoi, après ?

Ben vous deux, alors ! A force de s'la jouer progressiste, vous en avez oublié les convenances primates minimum !
Après, bien sûr, il faut que les mâles se battent pour m'avoir... et moi je me donnerai au vainqueur ; surtout si c'est un dominant, mmmh...
Je vais devoir me battre chef ?
Du calme, on en est pas encore là !
Mais c'est grossier, c'est trivial, c'est BESTIAL... je ne veux pas me battre pour elle... les mâles dominants c'est des vrais terreurs, merde !!
Ah booon !
Bon, ça suffit... D'toute façon, le problème ne se pose pas... pour l'heure, c'est la mousson et on a qu'à attendre...
D'accoOord, attendons...
EH ! iL ne pleut plus !!
Quoi !? déjà finie, la mousson ?
Oh, ça doit être qu'une éclaircie passagère...
MMMH... ce soleeeil... j'me sens toute chose...
C'est qui, c't'abruti qui s'agite en bas ?!?
Eh, j'le r'connais ; C'est Washoe !

C'est quoi ça, encore ?
Ah c'est pas rien ; ça, mon p'tit, ça a été pris en charge par les humains dès sa naissance !
Et jusqu'à l'âge adulte, les seuls primates qu'il ait vu, c'est eux !
Merdalors ! Dingue ! Ils l'ont formé et tout ! La vaaache... c'est une star, alors !?
Où ça, une star ? En bas ?
EH WASHOE ! Monte donc nous rejoindre ; il y a ici des gens qui voudraient faire ta connaissance
Oh, le connaître, le connaître... C'est vite dit !
Voyons petit, sois pas bégueule, tu imagines ce qu'il représente pour nous ?
Quoi ? Quoi ? juste un pistonné qui a fait carrière et qui vient snober les cousins pendant les vacances, rien d'plus !
Il a tout à nous enseigner ; Rends-toi seulement compte de ce qu'il a vécu depuis son enfance !
Tu veux dire qu'il parle en humain ?
Qu'il a une carte de crédit ? une villa sur la côte ? des actions Eurotunnel ?
Sûrement tout ça, oui !
Ben tu vois, j'arrive pas à y croire...
moi...
je salver
à vous
Qu'est-c'qu'il a ? Y's'fout d'nous ? Eh, du con ; toi y'en a prendre nous pour bons sauvages de base ?
AH OUAIS, C'EST VRAI ; MEEERDE ; y'a un détail que j'avais oublié !
Et là ça m'revient !
PAF... d'un coup !
Euuuh, et lequel ?

Les humains ne s'expriment pas comme les singes... problème morphologique incontournable... ils lui ont donc enseigné un langage par signes.
Quoi!?! Il ne parle ni singe ni humain... on est bien barrés dis donc!
Moi Washoe? Toi qui?
Roh lui, il me drague ma promise expérimentale!
En fait, il est venu ici pour se resituer, pour réapprendre notre langage!
C'est ça; lui et moi on est dans la même situation, final'ment!
Qu'est-ce qu'y fout, encore?
Moi cadeau pour toi!
Ça bijou de valeur, ça micro-ondes, ça auto-cuiseur, ça fer à r'passer...
HAHAHA! Quel nullard... il croit la séduire avec des pacotilles pareilles!
N'empêche; t'as vu? Ça veut dire qu'il a eu accès à la consommation!
Ouais; ben moi, en attendant, j'vais lui montrer comment c'est qu'on retrouve son animalité primale!
...ça intégrale de Marguerite Yourcenar dans La Pleiade...
NON!
Dis donc, toi, c'est de moi que tu dois t'occuper, non, si je deviens le dominant?
PLAF
Ah oui; sans doute; mais là, tu simplifies la règle... Il faut aussi compter avec les dominants du cerveau... Et vu le progrès, c'est pas ton vieux conseiller qui me contredira!!

Ah! Là, petit, je dois admettre qu'elle a raison ; si c'est le potentiel cérébral qui devient le premier critère de dominance, je ne peux que m'incliner !
Mais alors? Tout ce que tu m'as raconté !... que pour m'élever, je dois d'abord prendre conscience de mon animalité, ça tient plus?
Mais siiii... mais lui, là-bas, il a déjà franchi ce stade-là !
Mais c'est même pas vrai, il a tout de suite été parachuté chez les humains, il lui manque une étape, il a triché !
Mais ce n'est pas un jeu, tout ça... il a juste eu plus de bol que nous... c'est tout...
OH, TIENS ! j'en ai marre moi ; je laisse tomber ; il est où, mon bouquin ?
Euh... je crois qu'on l'a laissé sur la branche là-bas...
Et ne reviens plus m'emmerder avec tes théories de naze !
J'ai pu b'soin d'personne, j'ai mon bouquin !
Parfois, j'ai l'impression qu'il y'a des secteurs où je devrais un peu plus me documenter avant d'en parler...
MERDE ; rev'là la mousson !
PLIC PLIC PLOK PLIC

Philuc IV 94

Alors là, ça va plus du tout !
Il n'est absolument pas tolérable que la météorologie nous fasse faux bond à ce point.
J'suis plutôt d'accord... mais que faire ?
Ch'sais pas, moi ! Mais une mousson aussi précoce, c'est la fin de tout : On se doit de faire quelque chose !
Déjà, on en parle... les humains parlent toujours du temps qu'il fait... c'est pas pour rien, quand même !
Tu crois que le fait d'en parler, ça peut... comment dire... conjurer le sort ?
C'est certainement un truc comme ça... Venant des humains, ça ne m'étonnerait pas !
Alors, il FAUT continuer... Allez, petit... vas-y... PETIIIT !
Mais voyons ; comment veux-tu que ça agisse si tu te disperses déjà ?
C'est les poux !
Les poux ?
Ou les puces... Ch'ais pas... ça me gratte, en tout cas !
AAARH... Mais quelle inconstance bestiale, merde !
Ça m'fait toujours ça, ces bestiaux-là...
Dès qu'un pou pète ou qu'une puce se suce le prépuce...
Tssss

OAAAH, La vaaache, du con ; ça s'arrête!
Hein ?
Poupeth Sussprepus... T'as dit ça et la pluie s'est arrêtée!
oooh... Du calme...
T'es comme une sorte de grand Shamman, p'tit con; Tu connais les "PHRASES"!
ça VAAA!
Le matin je m'éveille; ça me gratte, alors je m'épouille!
C'est tout
Après je vais, je vaque... je cherche quelques merdouilles à bouffer... La grande aventure...
Bon, des fois je me planque à cause d'un prédateur ou l'autre... mais c'est que des fois... finalement, ça n'arrive pas souvent.
Pour le soir, je me cherche une petite branche, plutôt à l'abri des complications, je me fous à roupiller en me disant que demain ça sera pareil...
Et si des fois il pleut, c'est comme pour la vie qu'on mène, y'a qu'une chose dont on est sûr, c'est que ça s'arrêtera à un moment donné... mais qu'on sait pas quand... voilà; c'est tout!
Et y'a rien d'exceptionnel dans cette vie-là, rien du tout, et j'ai rien comme pouvoir, RIEN DU TOUT!

BRAAAHBRAAAAA
VIIITE... GRIMPONS LÀ-HAUT ! ÇA DOIT ÊTRE UN MÉGA-PRÉDATEUR GIGANTISSIME !
AAAAAAAH !!
Merdalors, on est foutus
attends... viens voir par ici !
Regarde... c't'encore un coup des humains !
Ouais, mais encore une nouvelle sorte, genre super niqueur de forêts !
QU'EST-C'QU'Y S'PASSE, ICI !?
P'taiiin, La bête !

Oh rien, midame Dossey, çi di foua rien... nous juste abattre quilquis arbres ixoutiques pour bwana coummanditaire...
Ah ouais... toi oublier qu'ici forêt protégée !
Oh oui, midame, ici riserve grands singes ; moi savoir, mais bwana coummanditaire lui donner bicoup francs C.F.A. non divalués... ça bon pour famille !
Ah ouais... y'sont où, ces commanditaires ?
BANG
BANG
BANG
Godferdome ! J'me suis encore fait avoir, fieu... et par une gonzesse, en plus !
Putain d'la rade de Brest ! Tirons-nous, moussaillon !
OUAAAHOOO !
LA VAAACHE... mais c'est qui, ce CANON ?
Flane Dossey, p'tit ; la célébrissime protectrice de gorilles !
ah bon ! de gorilles seulement ?
Oh, je la soupçonne d'avoir un certain faible pour tous les anthropoïdes non humains...
OUARGL ! LA FEMME DE MA VIE !
ATTENDS !
ÉCOUTE : On retombe dans le même sac de nœuds elle n'est pas du tout faite pour...
Fous-moi la paix ! J'viens d'signer un pacte pour l'éternité
Pas de doute, il mûrit, le petit !

Pour l'éternité !! Vociférations juvéniles ! La pluie... Les arbres... La vie... Y'a rien de bien éternel, ici !
Sauf peut-être mon immense lassitude...
Salut Washoe ! Ça gaze la p'tite vie ?
Quoi vouloir lui ?
Laisse-le donc !
Il croit nous snober avec son élitisme de merde !
M'y voilà enfin !
Comment l'aborder ? Est-ce qu'elle va m'accepter ?
Je... je... SNIF, SNIF SNIF...
C'est bien ELLE ; je LA reconnais !
L'image parfaite... La concrétisation du mythe à portée de la main... je n'y arriverai jamais...
DOOM DOOM DOOM DOOM
Être de lumière... Légendaire dessein ; ME VOILÀ !

AAAAAH!
HOUMF...
GRP
GRP
POF
Un jeune chimpanzé... je rêve !!
Oh toi, femelle d'entre toutes, laisse-moi, avec toi, m'élever... toi... moi... nous...
Ah, petit ! c'est trop beau !!
Enfin, un primate anthropoïde a fini par me comprendre !
Magnifique rubéfaction postérieure pré-copulaire comme chez "PAPIO ANUBIS"(1) Vite, je note !
PAS QUE POSTÉRIEURE PRINCESSE
(1) BABOUIN COMMUN
(2) GORILLE DE MONTAGNE
Regarde, comme je venge les tiens; Qu'est-c' qu'y croit, l'homo sapiens ? Je peux lui faire exactement ce qu'il a fait à "GORILLA BERINGUEI"(2)
C'est quoi ce plan ?
Souvenirs d'Afrique
Maintenant, à nous deux !
AH!
HONK HONK
HONK
CRATCH
SCRATCH
Houlààà... qu'est-ce qu'elle me fait ? C'est quoi, cette lamentable parodie simiesque ?! Elle nous rejoue "moi Tarzan toi Jane" façon Weissmuller, ou quoi ?

C'est pas vrai, ça ! La seule gonzesse d'humain qui veut de moi, c'est pour devenir guenon !!
HOU
HOU
HOU
OÙ VAS-TUUUU ??
CASSE-TOI, TARÉE ZOOPHILISÉE !
Ah... voilà quelqu'un qui va peut-êtle pouvoil me lenseigner...
iiiH... LE MIGOU !
J'ai fait un tlès long voyage pour venil ici ; je suis à la lechelche de Tchang... il m'a été enlevé il y a des années par un lepoltel belge psychopathe... c'est lui !
LE COMMANDITAIRE !
Il vous faut demander à cette cabane là-haut, Mister Migou ; celle qui y crèche devrait pouvoir vous renseigner...
AH !
Ah ouiii ! encore un plus grooos... viens donc là, grand fou !
Honolable dame pas me blusquer ; moi faile long voyage et...
AAAH TAIS-TOI DONC !
PFFF quelle époque !
Entre des singes qui veulent s'élever et une humanité en dégringolade, les pistes se brouillent...
BROM KRAK
Heureusement, l'être sensé a toujours pu trouver refuge et réconfort dans les textes sacrés
LA Redoute
Philuc - Mosto 94

Où peut-il donc se cacher, ce petit con ?
PETIIIT ! Où es-tuuu ?
Pfff... Marre...
?!
Ben alors ? Qu'est c'qu'y t'arrive ?
Je m'humanise encore plus, chef, mais j'ai changé de méthode...
Comment ?
C'est une autre spécificité humaine !
Quelque chose de plus pointu... Une sorte d'autre direction...
C'est écrit dans des livres à eux...
Ta méthode pour aborder l'humanité manquait de nuances... il fallait explorer les chemins de traverse...
Jusqu'ici, ta systématique rigoureuse se calquait sur un canevas simpliste...
La psychologie humaine peut dévier légèrement de la trajectoire socialement imposée et sombrer dans des abîmes aux paysages insoupçonnés !

HRK...
Et ces abîmes-là, moi, j'y plonge !
GLOB GLOB
TAF TAF
Mais tu débloques complet, mon p'tit père ! Comment peux-tu déjà rejeter les bases d'une société qu'on a pas encore construite ?
Intuition subtile !
Parfois, au simple énoncé des rudiments d'une structuration sociale, on peut prévoir les carnages futurs... Puis t'as vu le modèle que tu me proposes ?
Bon... admettons ; mais à ce moment-là on réagit, non ? On combat ?
Devant l'ampleur du cataclysme à venir, on peut ne pas s'en sentir la force...
Et alors ?
Alors, on nie tout dans la chute !
Mais c'est insensé ! Tu déraillles !
Je m'écarte du rail ; nuance !
Ecoute, petit, je vais t'aider, je...
NOOON ! Fous-moi la paix !
Me rejette pas comme ça... avec tout ce que j'essaye de faire pour toi... tu peux pas !
Qu'est-ce que tu fais exactement ? T'as vu ce que tu me proposes comme choix de société... entre l'humain et le primate, où je vais, moi, hein ? Dis-le moi, toi !
Maintenant, le primate me paraît tellement dépassé et l'humain tellement vain...
ah bon ?

Tu vois ; L'ombre du doute ! ça y est ; tu vas me suivre...
Quoi ? Moi ? ça va pas, non ?
Alleeez ! Assuuuure ! Sois coool !
NOON !
Tu ne m'auras pas... je veux rester clair, moi !!
C'est ça, oui ; casse-toi ! Va donc te jeter niaisement dans ton propre piège : tu verras dans quel état tu en sortiras !
Qu'est-ce qui t'fait dire ça, d'abord ?
Ben tiens ! Passe toute ton existence l'estomac noué à essayer de te faufiler dans le système ; tu verras !
Tout en toi va se confiner... se recroqueviller...
Rien que des nœuds !
Tu ne seras plus que tumeurs malignes et ulcères variqueux...
un cancer à toi tout seul...
Beuuuark...
Beuuuh !
Alors que moi, je m'explose sans illusions... je n'attends plus rien de rien... je me replie dans mon dedans qui s'éclate !
Et j'y fais ma p'tite cuisine... Je m'y triture tout l'intérieur comme une bête !
Je tricote mes neurones... Des vrais scoubidous...
Transformation complète !
On repeint tous les murs...
Puis ch'te dis pas l'choix d'couleurs !
Parce qu'elles m'auront plus, ces femelles de merde ! Si elles me cherchent, ch'uis aux abonnés absents...
Lobotomisé complet !

AAAH ! Nous y voilà ! c'était donc ça !
Mais si c'est que ça, ton problème, on doit pouvoir trouver très vite une solution !
Que ça ! que ça !
Mais ce "ÇA" là, c'est du terrible !
Ça serait si simple si tout collait... mais aucune ne veut de moi comme moi je le voudrais...
Et si tu te démerdais pour qu'elles veuillent de toi comme ELLES le voudraient !
GLOB
Qu'est-ce que tu inventes encore comme théorie, toi ?
Cette ridicule envie du mâle de chercher une hypothétique femelle conforme à un tas de critères indéfinis le conduit toujours à sa perte...
T'y connais quoi, toi, d'abord ??
Il ne faut jamais oublier que, de leur côté, les femelles fonctionnent vraisemblablement de la même manière.
J'l'ai jamais lu dans mon bouquin, tout ça...
De toute manière, il est hors de question que je m'adapte aux fantasmes de l'autre gonzesse d'humain avec ses gorilles à la noix !
Fais comme tu le sens, mais garde bien en mémoire ce que j'essaye de t'expliquer !
Tu parles, tiens ! Je me méfie des théoriciens inexpérimentés comme de la pire épidémie...
Comme d'une campagne électorale !

Et ton bouquin ?
Garde-le... J'ai décidé de n'être qu'une bête !
D'obéir à mes pulsions primales ; de laisser ma cervelle au vestiaire pour n'écouter que ma bite !
Aux oubliettes ! ces humaines à histoires ; à moi les p'tites guenons !
Quel gâchis...
COUIIIINE
IIIIRK
KAÏ KAÏ KAÏ
ÉCOUTEZ-MOI ! Je suis une bête et je vous emmerde TOUS !
BOM
BOM
Plus de cas de conscience puisque plus de conscience ! Le vide salutaire, enfin !
Pouvoir être lâche par nature et sans complexe ! Ecraser ces connards de petits, et fuir les gros sans un milligramme de honte !
PAF
PAF
ARRÊTE ÇA TOUT DE SUITE ! TU DÉSHONORES TOUTE LA PRIMATERIE !

Eh? T'es qui, toi ? Qu'est-ce que vous foutez là ??
Nous sommes à la recherche du Lieutenant Taylor, dit "beaux yeux".
Voici un document qui le représente ; ça te dit quelque chose ?
Lui ?!
C'est le commanditaire !
M...mais... C'est qui, ce...?!
Ah bravo, Zira ; tu as perdu le portrait !
Mais Cornélius, ne t'énerve pas !
?!?
C'est toujours la même chose, avec toi ; il faut toujours que tu égares tes affaires ; ça fait vingt ans que ça dure ! Ah, on va le retrouver, Beaux Yeux, grâce à ton efficacité !
Mais c'est quand on a croisé ce Mister Migou : C'est toi qui lui as présenté le document, non ?? Donc c'est toi qui as commis l'erreur quand tu...
Quoi, moi ? quoi, moi ?! Il faut toujours que ça soit moi qui...
OH! EH!
C'est pas que je veuille m'immiscer, mais vous vouliez me dire quoi, là, en arrivant ?
euh..
hum...
Oui... euh... c'est à cause de ton attitude.
Tu nous fais honte !
Quoi, mon attitude ?
Hein !?
Oui, là d'où nous venons, nous savons que ton précepteur a raison... La gent chimpanzée est promise à un grand avenir...
ah ouais ? quand ?
Oh, dans un futur lointain d'où nous venons... Toi, tu ne le vivras pas ; mais nous...
Mais vous, vous pouvez m'emmener !

Absolument pas! C'est impossible ; il faut que nous veillions sur ton époque pour la préparer !
Ah, si vous pouvez même pas m'emmener là-bas, me faites pas chier!
Non, mais on peut te charger d'une mission...
Et ça me servira à quoi ?
Mais à préparer les tiens à ce qui les attend !
C'est ça oui ! HAHAHA !
Pour finir comme vous dans deux mille ans ; génial ! Un vieux couple en robe de bure qui s'engueule à la moindre broutille !
Ah, putain, bravo l'avenir ! On doit rigoler dans votre galaxie de curetons !
Attends ! Tu n'y es pas du tout !
Désolé, les p'tits amis, je viens juste d'opter pour l'état sauvage ; repassez une autre fois, on en rediscutera !
Ah, ch'te promets, c'est pas maintenant que je vais me laisser embobiner !
Dis donc, comme tu leur as parlé, aux martiens!
OUAOUH !
Pfff, fastoche ! Viens dans un p'tit fourré, j'vais t'expliquer comment qu'on leur cause, à ces zigues !
Puis, dis donc, t'as pas quelques copines dans le coin ?

C'est que, vois-tu, ils m'ont chargé d'une mission initiatique auprès des guenons !
Noon !!?
eh si... sans dec' !
OUAOOH LUIII !!
Vous êtes les garantes de l'avenir primate et moi le prophète... Je dois vous engrosser toutes !
Ne faites pas cette tête-là, voyons ! Vous croyez que ça m'amuse, peut-être? Vous ne vous rendez pas compte !!
C'est vrai !
Tu as raison !
Consacrons-nous toutes à l'œuvre sacré !!
Longue vie à la primaterie !
D'accord, les filles... MAIS UN PEU DE DISCIPLIIIIIIIIIIIIIIIIIIIYYOUAAAAH..
?!
Qu'est-ce qui s'est passé, ici ?
Ça serait vrai, ce qu'on raconte ? Cette histoire d'envoyé ?
Qui est là ? Que...??
OOOH ! Mais ce sont les Washoe !!

Ben, qu'est-ce que tu fous là, toi ?
Moi ? Mais voyons Washoute, je suis l'envoyé !
Quoi !?? TOI !! Tu rigoles !!
Eh non, ma belle, c'est bien moi ! Et il faut que tu m'aides, toi aussi, dans ma mission sacrée !
Et c'est quoi exactement, cette mission ?
Le peuple singe est promis à un grand avenir, et pour affronter ça, il faut qu'il se Super-multiplie !
Et alors ?
Ben tiens ! Rejoins-nous ; je vais te montrer, moi !
Puis quoi encore !
Tu crois peut-être qu'il n'y a que toi qui peux faire ça ! C'est pas encore cette fois-ci que tu m'auras, mon p'tit gars !
Ah bon !! D'accord ! Je vois !
Mais bon, c'est pas grave ; Laisse-moi t'en refaire d'autres par-dessus ; il le faut... Pour la cause !
Dis donc, toi, je ne vois pas pourquoi tes martiens ils n'auraient chargé que toi d'une mission pareille !
Eh, je sais pas ; ils ont dû pressentir l'être exceptionnel qui sommeille en moi...
GNNN... Tu parles !
BZOUIK
Tu vas te calmer, oui ?! Tu crois p'têt' que tu vas m'avoir comme ça !!?
Mais Washoute, Gne t'aiiime !
Tiens donc ! V'là aut'chose : oubliée, la mission... t'as vraiment peur de rien, toi !

Il faut que tu te calmes un peu ; c'est pas que en forniquant à toutes blindes que tu vas la construire, ta société de demain !
Mais siiiii ; Ch'te juuure !
Je n'suis pas vraiment sûre que tu as tout compris dans ta mission !
Houf ; je sais pu trop bien c'qu'y m' ont dit... quelle importance...
... mais je fais les générations futures ; c'est déjà du boulot, non ? Et c'est eux, plus tard, qui construiront le renouveau simien... Chacun sa part de la mission !
C'est comme ça que fonctionnent les grandes sociétés ! Regarde les fourmis, elles se partagent les tâches : des qui bossent, des qui pondent, et ça marche : tout baigne !
Et alors ? Tu n'es toujours pas convaincue ?
Désolée mon mignon ; je te laisse à ta tribu de gourdes écervelées...
bonne chance quand même !
Non mais ! Pour qui elle se prend, celle-là ?
Vous l'avez vue cette pétasse ?
Laissez-la... On fera bien le renouveau sans elle !
Oui ; ça c'est vrai !
Amène-toi, notre petit prophète !
Oh ! attendez ! 'Faut que je récupère un peu !
Je devrais peut-être songer à prendre un assistant, moi !
BZZ
En attendant, au boulot ! Puisqu'il le faut !!

Ça ne peut être que par ici !
Tiens ! Salut l'ancêtre !
ÉH !! Les Washoe's ! Vous vous êtes installés ici, vous ?
Pfou ! ici ou ailleurs !
À coté de l'autre allumé et sa mission grandiose, j'ai un peu l'impression de participer... on ne sait jamais ; des fois qu'il aurait raison !
Tsss... perplexité de simple d'esprit... tu me déçois là... aller croire que cet imbécile puisse avoir raison !
?
Quoi, l'imbécile !?? Non mais vous l'entendez, lui ?
Pour qui y s'prend ? C'est pas parce qu'il a cru détenir la vérité y a quelques temps qu'il va venir foutre le boxon !
Parce que, comme tu peux le constater, le renouveau simien, j'y bosse efficacement, moi !
Et le renouveau intellectuel, mon p'tit, tu l'oublierais pas un peu ?
Plus tard, plus tard... d'abord on fait les masses... aprés, plus tard, si on y pense, on les éduquera !

C'est là l'erreur... c'est là que ta bestialité explose et trahit la fumisterie de ta mission... fais gaffe !
mais arrêêête !
Tes humains, ils ont fait pareil... ils ont attendu d'être des milliards avant d'essayer de réfléchir... Alors, nous, on a encore le temps, non ?
Ton obsession polygamique t'a niqué la tête... Et vu ta dégaine, p'têt' le reste aussi !
Tu pourrais pas te taper une existence de reproducteur normal, comme Washoe ?
Ben tiens ! Tu l'as bien r'gardé ? Ah ! avec lui, on est pas près d'être des milliards avant longtemps !!
Ça, tu peux l'dire !
ELLE L'A DIT, ELLE L'A DIT !! Viens, ma belle ; il ne me manque que toi !! Je savais qu'un jour ou l'autre la claustrophobie conjugale te ramènerait à moi !
Ah non !! Tu ne vas pas recommencer !!?
Mais tu sais que je t'aime !
Évidemment : je ne suis pas dans ton cheptel, alors tu m'aimes ; facile !
Rhoo, toi !!! Il faut que tu comprennes que seule une polygamie intensive nous permettra d'en sortir !
Ouais... bon... mais alors pourquoi on aurait pas notre harem de mâles nous aussi, après tout !
OUIII
SUPER
BON PLAN
Mais... mais... du calme, voyons !! Du point de vue de l'éthique démographique, ça ne tient pas debout !
EXCELLENTE IDÉE !
YAHOUU
GÉNIAAAL
BRAVO !
Ça serait juste pour notre équilibre... Pour éviter qu'on se morfonde en attendant notre tour... Faut pas oublier qu'un bébé porté par une morfondue, ça ne donne rien de bon !

STOOOP ! ARRÊTEZ TOUT ! c'est quoi cette dérive apocalyptique ?
Qu'est-ce qu'il a, lui ?
Il a oublié de prendre ses gouttes ou quoi ?
Mais vous êtes complètement fêlées ! Vous perdez la tête... je ne vois plus où se cache la mission dans tout ça !
Rassure-toi ; nous, si !
Ne l'écoutez plus, vous toutes... il veut votre perte ! Il menace tout l'équilibre de la structure jungle ! Il est prêt à forniquer avec n'importe quoi !
Hein ? Quoi ?
Tssss... Ah, j'te jure !
Parfaitement, j'ai amené avec moi un témoin qui...
HAHAHA ! Mais qui va croire cet oryctérope dégénéré ?
Oh, jeune homme, je vous en prie !
Toi, vieux croûton, tu commences à me les briser menu... je vois vraiment pas pourquoi ma mission te met dans un état pareil ! Tu serais pas un peu dégénéré côté quéquette, toi ?
Alors là, ça suffit, toi ; tu vas m'écouter, maintenant : On serait de vulgaires crétins de canidés... genre hyènes ou chacals... enfin, une espèce quelconque à la con... avec des cycles de chaleurs bien périodiques, il nous resterait du temps entre deux pour s'occuper de notre esprit ; enfin quoi ! MERDE QUOI !
Mais là, tu vois, si on s'fout à copuler tout l'temps, on va devenir une espèce terriblement vulnérable !
Il faut absolument qu'on réglemente tout ça !
QUOI !? réglementer le sexe !

Oui, exactement, pour faire comme les humains ; c'est comme ça qu'ils ont réussi à progresser malgré une boulimie sexuelle hallucinante !
Progresser, progresser ! T'as que ce mot-là entre les dents, toi ! J'm'en tape, moi, de PROGRESSER !
Tais-toi ! écoute plutôt ça : on dira qu'y a des jours où c'est mal... ou bien dangereux... qu'on risque des punitions terribles infligées par des maîtres qu'on verrait même pas mais qu'on en aurait d'autant plus peur... comme ça, personne n'osera plus... tu verras...
HRZTEK...
Mais ça va pas du tout ! si tu fais croire que c'est mauvais un jour et pas l'autre, ils vont s'emmêler les pinceaux, ils finiront par croire que c'est mal tout le temps et ça va foutre une merde inimaginable !
Meuh non !
Allez, casse-toi, maintenant ; ça suffit ! On en a marre de tes tentatives débiles d'humanisation... c'est toi qui menaces la structure jungle !
Mais... enfin...
BING
Tu as déjà oublié que tu étais mon élève ?? J'allais faire de toi le cerveau du renouveau simien !
Eh bien, disons que tu as réussi ! Maintenant que tu m'as équipé en cerveau, ton boulot est fini... Toi, tu peux partir... il faut que je fabrique les populations pour ton renouveau !
Mais tu ne peux pas tout laisser tomber... ton cerveau va rétrécir... tourner à rien... tu ne sauras même plus où il est !
T'inquiète... je sais ranger mes affaires... je le retrouverai toujours bien dans un coin !
En attendant il peut se reposer !
Enfin j'espère.
Est-ce que ça peut se désagréger, un cerveau ?
ou changer de place ?
d'ailleurs, ça se situe où exactement ?
est-ce qu'on en a un peu partout ?